Made in the USA
Middletown, DE
12 August 2023

36618203R00070